Texte erschließen 9/10

von Peter Simon

Cornelsen

Inhaltsverzeichnis

Zu diesem Heft

Die Kunst, Texte zu erschließen, solltest du beherrschen, denn sie nützt dir innerhalb und außerhalb der Schule. In der Schule nützt sie dir im Fach Deutsch und in allen anderen Unterrichtsfächern, in denen Texte gelesen werden.

Worauf kommt es an?
Es kommt darauf an, den Inhalt eines Textes zu begreifen.
Doch bevor du den Text im Ganzen begreifen kannst, musst du die einzelnen Wörter und Formulierungen, die Sätze und Abschnitte des Textes verstehen. Dieses Heft will dir bei dieser Aufgabe helfen.

Und so ist das Heft aufgebaut:
Jedes Kapitel besteht aus einem Text und folgenden Aufgabentypen:

1. Aufgaben zu einzelnen Textstellen
   Hier übst du, ganz genau zu lesen.
   - Vorgegeben sind verschiedene Wörter, Wortgruppen oder Textaussagen, die genauso oder anders formuliert im Text vorkommen.
   - Verlangt wird, dass du diese Textstellen erkennst und herausschreibst.

2. Aufgaben zu wichtigen Formulierungen
   Hier übst du, wichtige Formulierungen zu verstehen.
   - Vorgegeben sind verschiedene Formulierungen, die im Text vorkommen.
   - Verlangt wird, dass du die Formulierungen erklärst, indem du schwierige Wörter nachschlägst und Bedeutungen aus dem Textzusammenhang erschließt.

3. Aufgaben zum Thema und zu der Sprache des Textes
   Hier trainierst du dein Textverständnis und das eigene Schreiben.
   - Vorgegeben sind Schreibaufträge, die sich auf bestimmte Aspekte des Textes und seine sprachlichen Merkmale beziehen.
   - Verlangt wird, dass du dem Text bestimmte Informationen entnimmst und eigene Texte vorbereitest und schreibst. Außerdem setzt du dich mit der Sprache des Textes auseinander und erweiterst so deinen Wortschatz.

4. Mit dem kleinen Test am Ende jedes Kapitels kannst du überprüfen, ob du erfolgreich gearbeitet und den Text wirklich verstanden hast.

Besondere Bedeutung hat das eigene Schreiben.

Hier findest du einige Regeln und Tipps für das Schreiben von Texten.

1. Gesichtspunkte beim Erschließen des Schreibauftrags:
   - die Aufgabenstellung genau durchlesen
   - Stichworte notieren, die dir zu der Aufgabe einfallen
   - die Stichworte in Gruppen zusammenfassen
   - die Stichwortgruppen in eine sinnvolle Reihenfolge bringen

2. Gesichtspunkte beim Schreiben des Textes:
   - eine passende Einleitung formulieren
   - den Text flüssig schreiben und dabei die Stichworte verwenden
   - einen passenden Schlussteil formulieren

3. Gesichtspunkte beim Überarbeiten des Textes:
   Stelle dir dafür die folgenden Fragen
   zum Inhalt:
     - Habe ich klar ausgedrückt, was ich sagen wollte?
     - Gibt es weitere Gesichtspunkte?

   zur Sprache:
     - Habe ich aussagekräftige und passende Wörter verwendet?
     - Habe ich bei den Satzanfängen abgewechselt?
     - Gibt es unnötige Wortwiederholungen?
     - Verwende ich die richtige Zeitform?
       (Präsens für Inhaltsangabe, Beschreibung und Erörterung)
     - Ist die Zeitform durchgehend eingehalten?

   zur Form:
     - Ist die Gliederung gut erkennbar?
     - Sind Einleitung und Schluss durch Absätze vom Hauptteil getrennt?
     - Kann ich Textabschnitte durch Einrückungen verdeutlichen?
     - Stimmen Rechtschreibung und Zeichensetzung?

4. Gesichtspunkte beim Anfertigen der Reinschrift:
   - den Text durch Absätze mit Leerzeilen und durch Einrückungen gliedern
   - den Text vor der Abgabe noch einmal auf Rechtschreibung und Satzzeichen kontrollieren

Zur Rechtschreibung hier noch ein paar Tipps:

Wenn du bei einem Wort unsicher bist, solltest du
- prüfen, ob du die Buchstaben durch lautes Sprechen erkennen kannst
- klären, ob du die richtige Groß- oder Kleinschreibung durch die Wortart ermitteln kannst
- nachdenken, ob du ähnlich klingende Wörter kennst
- feststellen, ob du die Schreibweise aus dem Wortstamm ableiten kannst
- versuchen, das Wort zu trennen oder zu verlängern
- überlegen, ob du eine passende Rechtschreibregel kennst
- im Wörterbuch nachschlagen

Zum Umgang mit diesem Heft:

Besonders wichtig ist, dass du alle Übungsaufgaben schriftlich löst, damit du deine Lösungen später auch überdenken, verbessern und genau mit den Vorschlägen im Lösungsteil vergleichen kannst.

Die Info-Kästchen und Pinnzettel am Seitenrand helfen dir bei der Arbeit.

Beim Schreiben deiner eigenen längeren Texte hast du zwei Möglichkeiten:
1. Du kannst die vorhandenen Schreiblinien nutzen und deine Texte direkt in das Buch schreiben.
2. Wenn du eine große Handschrift hast, ist es vielleicht sinnvoll, auf ein eigenes Blatt Papier zu schreiben.

Mythos und Wirklichkeit – Graf Zeppelin

Majestätisch steht sie da, die liebevoll restaurierte Gondel des legendären ersten Zeppelins LZ 1. Vor nunmehr hundert Jahren unternahm das berühmte Luftschiff über dem Bodensee seine Jungfernfahrt. Der Zeppelin blieb 17 Minuten in der Luft – eine gute Viertelstunde, die für seinen Konstrukteur die Welt bedeutete.

Keine Frage, die LZ-1-Gondel zählt zu den Highlights im Zeppelin-Museum in Friedrichshafen. Die Ausstellung „Der Graf 1838–1917“ versteht sich aber nicht als Technikschau. Sie gilt nicht den riesigen, zigarrenförmigen Fluggeräten, sondern dem Menschen, der diesen Traum lebte. Über zwei Jahrzehnte Vorbereitungszeit und 200 000 Euro Kosten haben sich gelohnt: Mehr als 250 Exponate – etwa jeweils die Hälfte aus den Archiven des Museums und den Beständen der Familie Zeppelin – zeigen Mythos und Wirklichkeit im Leben einer historischen Größe, die ihresgleichen sucht. Ein Teil der Ausstellung widmet sich dem Grafen als Privatmann. Sie zeigt seine Kindheit und sein Leben als Ehemann und Familienvater. „Die Ausstellung versteht sich eben nicht als Biografie, sondern will Geschichten erzählen“, sagt der Museumsdirektor. So findet sich zu fast allen Exponaten eine kleine Tafel. Sie teilt eine authentische Episode oder Anekdote mit. Stück für Stück taucht der Besucher dabei ab in die spannende Zeit, als die Luftschifffahrt noch in den Kinderschuhen steckte. Er entdeckt plötzlich auch Kuriositäten wie ein selbst gebasteltes Regal des Grafen oder die Dienstbotenordnung der Familie. Selbstverständlich entfaltet die Ausstellung aber neben dem Leben des Privatmenschen auch das des erfolgreichen Offiziers und umjubelten Luftschiffpioniers. Kupferstiche und das Original-Abschiedsgesuch von Zeppelin an den württembergischen König sind Zeugen der militärischen Karriere. Vor dem großartigen Bild der aufsteigenden LZ 1 bieten drei Vitrinen die persönlichen Ausrüstungsgegenstände des Luftfahrtpioniers: seine Schutzbrille, seine berühmte Mütze und sein vielfach genutztes Fernrohr. Büsten des Grafen im gehobenen Alter, seine Parade-Uniform und Adels-Porträts runden das Mosaik der Eindrücke ab.

Textstellen erkennen

1 Die unterstrichenen Wörter oder Wortgruppen findest du genauso oder fast genauso im Text.
Schreibe die betreffenden Sätze heraus und unterstreiche die Formulierungen.

a) Es ist etwa hundert Jahre her, dass der Zeppelin seine Jungfernfahrt machte.
Textstelle:
Vor nunmehr hundert Jahren unternahm das berühmte Luftschiff über dem Bodensee seine Jungfernfahrt.

b) Die Vorbereitungsarbeit von zwei Jahrzehnten und die hohen Kosten waren nicht umsonst.
Textstelle:

c) Die Ausstellung soll keine Lebensstationen zeigen, sondern von Geschichten berichten.
Textstelle:

d) Der Besucher sieht die Kinderschuhzeit des Luftschiffs.
Textstelle:

e) Es werden Büsten Zeppelins im gehobenen Alter gezeigt.
Textstelle:

Du übst, Textstellen zu bestimmten Aussagen zu finden.

Tipp:
Merke dir die Wörter oder Wortgruppen und suche im Text danach.

Textstellen erkennen

Du übst, bestimmte Wörter oder Wortgruppen in einem Text zu finden, auch wenn sie darin etwas anders formuliert sind.

Tipp:
Denke über die Bedeutung der unterstrichenen Ausdrücke nach. Suche dann danach, wo im Text sinngemäß das Gleiche steht.

2 Für die unterstrichenen Wörter oder Wortgruppen findest du im Text andere Formulierungen.
Schreibe die betreffenden Sätze heraus und unterstreiche die Formulierungen.

a) Die LZ-1-Gondel gehört zu den Höhepunkten der Ausstellung.
Textstelle:
Keine Frage, die LZ-1-Gondel zählt zu den Highlights im Zeppelin-Museum in Friedrichshafen.

b) Teilweise zeigt die Ausstellung das Leben der privaten Person Zeppelin.
Textstelle:

c) Fast alle Exponate haben ein kleines Schild.
Textstelle:

d) Das Ausstellung im Zeppelin-Museum soll keine technische Darbietung sein.
Textstelle:

e) Vor dem Bild der hochsteigenden LZ 1 zeigen drei Glasschränke die persönlichen Gegenstände Zeppelins.
Textstelle:

Begriffe und Formulierungen erklären

Du übst, Begriffe und Formulierungen zu erklären.

3 Erkläre die unterstrichenen Formulierungen mit eigenen Worten. Schreibe ganze Sätze.

a) Zeppelin war eine historische Größe.
Bedeutung:

b) Der Museumsbesucher erlebt die Zeit, als die Luftschifffahrt noch in den Kinderschuhen steckte.
Bedeutung:

Tipp: Erschließe die Begriffe und Formulierungen aus dem Textzusammenhang.

4 Suche im Text nach einem Wort, das die gleiche Bedeutung hat. Schreibe es auf.

a) erste Ausfahrt eines Fahrzeugs =
b) Wegbereiter des Zeppelinbaus =
c) Höhepunkt =
d) Ausstellungsstück =
e) kurze witzige Geschichte =
f) etwas Seltsames, Merkwürdiges =

Begriffe und Formulierungen erklären

Tipp:
Erschließe die Begriffe aus dem Textzusammenhang oder schlage im Wörterbuch nach.

5 Schreibe Wörter oder kurze Formulierungen auf, die das Gleiche bedeuten.

a) authentisch = ____________________
b) Konstrukteur = ____________________
c) Episode = ____________________
d) Archiv = ____________________
e) Direktor = ____________________
f) Biografie = ____________________
g) Zeppelin = ____________________
h) Karriere = ____________________
i) Mosaik = ____________________
j) Porträt = ____________________

Tipp:
Wenn deine Erklärung nicht genau passt, musst du sie etwas verändern. Wenn deine Erklärung gar nicht passt, schlage nochmals im Wörterbuch nach.

6 Setze deine Erklärungen aus Aufgabe 5 in die Lücken ein.
Du merkst dadurch, ob deine Erklärungen passen.

a) *(Der Zeppelin)* ____________________ blieb 17 Minuten in der Luft – eine gute Viertelstunde, die für seinen *(Konstrukteur)* ____________________ die Welt bedeutete.

b) So findet sich zu fast allen Exponaten eine kleine Tafel. Sie teilt eine *(authentische Episode)* ____________________ oder Anekdote mit.

c) „Die Ausstellung versteht sich eben nicht als *(Biografie)* ____________________, sondern will Geschichten erzählen", sagt der *(Museumsdirektor)* ____________________.

Informationen aus dem Text entnehmen

7 Bearbeite die Aufträge mit Hilfe des Textes.

a) Graf Zeppelin war in zwei Tätigkeitsbereichen erfolgreich.
Schreibe sie auf.
Tätigkeiten:

b) Die Ausstellung will den Besuchern etwas über den Grafen Zeppelin erzählen.
Schreibe auf, mit welchem Mittel dies gelingt.
Mittel:

c) Die Ausstellung zeigt zahlreiche Gegenstände und Bilder aus dem Leben des Grafen Zeppelin.
Schreibe auf, woher diese Gegenstände und Bilder stammen.
Herkunft:

d) In den Vitrinen des Museums werden zahlreiche Ausstellungsstücke (Exponate) gezeigt.
- Trage links die Gegenstände ein, die zur Überschrift passen.
- Schreibe dann weitere Ausstellungsstücke aus dem Text heraus und ordne sie in zwei Gruppen. Schreibe sie in die beiden leeren Spalten und finde eine passende Überschrift.

Kuriositäten		

Du übst,
Fragen und Aufträge mit Hilfe des Textes zu bearbeiten und dabei gezielt Informationen aus dem Text zu entnehmen.

Tipps:
- Alle Informationen stehen im Text.
- Es klingt besser, wenn du ganze Sätze schreibst.

Einen eigenen Text vorbereiten

Das Thema heißt: *„Der Traum vom Fliegen! – Was bedeutet uns das Fliegen heute?"*

Du übst,
über eine Sache nachzudenken und einen eigenen Text darüber vorzubereiten.

8 Durch eine klare Gestaltung wird dein Text gut lesbar.
Lies dir die Gliederungspunkte durch und schreibe für Einleitung, Hauptteil und Schluss Stichworte auf.

Tipp:
Überlege, welche Sachverhalte für das Thema wichtig sind, und notiere sie als Stichworte.

Einleitung

Warum ist das Thema aktuell? der Flugverkehr nimmt immer mehr zu,

Hauptteil

Wie kann sich der Traum vom Fliegen erfüllen? als Mitflieger (Fluggast),

Was reizt die Leute am Fliegen? Abenteuer,

Welche Vorzüge hat das Fliegen? schnelle Überwindung großer Entfernungen,

Welche Probleme bringt der Flugverkehr mit sich? Ozonloch,

Schluss

Eigene Gedanken: Welche Bedeutung hat das Fliegen für dich?

Einen eigenen Text vorbereiten

9 a) Fachsprachen haben ihre eigenen Begriffe.
Ordne die folgenden Fachbegriffe in die Spalten ein.

~~Linienverkehr~~ – Drachenfliegen – Charterflug – Urlaubsreise – Paragleiten – Geschäftsreise – Rundflug – Ballonfliegen – Segelfliegen – Gütertransport – Fallschirmspringen – Bungeejumping

Fliegen im Alltag und im Geschäftsleben	Fliegen in Sport und Freizeit
Linienverkehr,	

b) Hier findest du wichtige Ausdrücke rund um das Thema „Fliegen“.
Ordne die Ausdrücke den vier Überschriften zu.

Gefühl von Freiheit – schnelles Verkehrsmittel – über den Wolken sein – Hauch von Abenteuer – gleiten – Flugschau – schweben – Reisen ohne Verkehrsstress – die Welt von oben sehen – starten – Besucherterrassen – abheben – landen

Was Menschen am Fliegen fasziniert:

Verben zum Thema „Fliegen“:

Praktische Vorzüge des Fliegens:

Einrichtungen für Flugfans:

Du übst, mit Begriffen umzugehen, die für das Thema wichtig sind.

Tipp:
Die Aufgabe ist leichter, wenn du die Wörter, die du verwendet hast, durchstreichst.

Einen eigenen Text schreiben

Tipps:
- Wenn du eine sehr große Handschrift hast, schreibe auf einem Blatt Papier weiter.
- Verwende die Gedanken und Begriffe aus Aufgabe 8 und 9.

10 Schreibe jetzt einen Text zu dem Thema:
„Der Traum vom Fliegen! – Was bedeutet uns das Fliegen heute?"

Einleitung
Warum ist das Thema aktuell?

Hauptteil
Wie kann sich der Traum vom Fliegen erfüllen?

Was reizt die Leute am Fliegen?

Welche Vorzüge hat das Fliegen?

Welche Probleme bringt der Flugverkehr mit sich?

Schluss
Eigene Gedanken: Welche Bedeutung hat das Fliegen für dich?

Tipp:
Kontrolliere zum Schluss deine Rechtschreibung.

Der kleine Test

Hier kannst du prüfen, ob du den Text gut verstanden hast.

11 Beantworte die Fragen kurz, möglichst ohne auf den vorigen Seiten nachzuschauen.

a) Wie heißt die Überschrift des Ausgangstextes?
Titel:

b) Worum geht es im Ausgangstext?
Thema:

c) Was möchte der Autor mit dem Text sagen?
Absicht des Autors:

Bequemlichkeit mit Tücken

Mit der Entwicklung zum aufrechten Gang haben wir Menschen uns nicht nur Vorteile eingehandelt. Insbesondere jenes biegsame Gebilde, das wir Rückgrat nennen, wurde durch diesen epochalen Schritt in der Menschheitsgeschichte erheblich belastet. Manche Tätigkeit erfordert zwangsläufig Körperhaltungen, die krank machen können. Zum Beispiel klagen viele Frisöre über Schmerzen in Armen und Schultern, die auf ihre stets angespannte, vorgebeugte Körperhaltung mit ständig angehobenen Armen zurückzuführen sind. Auch Berufe, die vorwiegend „über Kopf" arbeiten, wie Elektriker, Maler, Automechaniker, sind von solchen Beschwerden betroffen.

Die Erkenntnis, dass aber auch Sitzen ganz schön anstrengend sein kann, ist noch nicht sehr alt. Bisher galt, dass allein Stehen oder Bücken bei der Arbeit mühevoll und ermüdend ist. Grund für die Anstrengung ist, dass unser Körper dabei mehr Energie verbraucht als beim Sitzen. Besonders gebeugtes Stehen ist neben dem hohen Energieverbrauch allein für das Ausbalancieren des eigenen Körpergewichts mit einer starken Belastung von Wirbelsäule, Skelettmuskulatur sowie Gelenken und Sehnen verbunden.

Jedoch hat auch das scheinbar so bequeme Sitzen seine Tücken. Neben Verspannungen im Schulterbereich fördert falsches Sitzen eine allmähliche Veränderung der Bandscheiben, behindert die Funktion der Verdauungs- und Atmungsorgane und bewirkt schlechtere Durchblutung sowie eine geringere Sauerstoffzufuhr in den Zellen. So kann es durchaus geschehen, dass sitzende Menschen schneller ermüden als stehende. Es gibt Schätzungen, wonach bereits zwischen einem Drittel und der Hälfte der deutschen Bevölkerung unter mehr oder weniger schweren Schäden der Wirbelsäule leidet, die auf langes und falsches Sitzen zurückzuführen sind. Man spricht in diesem Zusammenhang also zu Recht von einem Volksleiden.

Einseitige Körperhaltung wie bei der sitzenden Bildschirmarbeit ist inzwischen für Millionen Büro-Angestellte zu einer häufig noch unterschätzten Belastung geworden. Inzwischen wissen wir, dass viele Beschwerden wie Muskelverspannungen und Muskelverhärtungen im Nackenbereich häufig auf die Arbeit am Computer zurückzuführen sind.

Textstellen erkennen

Du übst, Textstellen zu bestimmten Aussagen zu finden.

1 Die unterstrichenen Wörter oder Wortgruppen findest du genauso oder fast genauso im Text.
Schreibe die betreffenden Sätze heraus und unterstreiche die Formulierungen.

a) Das aufrechte Gehen hat dem Menschen nicht nur Vorteile gebracht.
Textstelle:
Mit der Entwicklung zum aufrechten Gang haben wir Menschen uns nicht nur Vorteile eingehandelt.

b) Früher dachte man nicht, dass auch das Sitzen anstrengend sein kann.
Textstelle:

c) Grund für die Anstrengung ist, dass mehr Energie verbraucht wird.
Textstelle:

d) Sitzen erscheint als bequem, bringt aber auch Probleme mit sich.
Textstelle:

e) Rückgratschäden sind so häufig, dass sie als Leiden des Volkes bezeichnet werden können.
Textstelle:

Tipp:
Merke dir die Wörter oder Wortgruppen und suche im Text danach.

Textstellen erkennen

Du übst, bestimmte Wörter oder Wortgruppen in einem Text zu finden, auch wenn sie darin etwas anders formuliert sind.

Tipp: Denke über die Bedeutung der unterstrichenen Ausdrücke nach. Suche dann danach, wo im Text sinngemäß das Gleiche steht.

2 Für die unterstrichenen Wörter oder Wortgruppen findest du im Text andere Formulierungen.
Schreibe die betreffenden Sätze heraus und unterstreiche die Formulierungen.

a) Beim Sitzen kann man mitunter schneller ermatten als im Stehen.
Textstelle:
So kann es durchaus geschehen, dass sitzende Menschen schneller ermüden als stehende.

b) Man schätzt, dass ein Teil der Deutschen an Schädigungen des Rückgrats leiden.
Textstelle:

c) Gesundheitliche Schäden durch Sitzen vor dem Computer werden noch zu wenig beachtet.
Textstelle:

d) Leute, die mit ihren Händen oberhalb ihres Kopfes arbeiten, sind von Rückgratleiden betroffen.
Textstelle:

c) Man denkt nicht, dass das eigentlich angenehme Sitzen auch Probleme mit sich bringt.
Textstelle:

Begriffe und Formulierungen erklären

Du übst, Begriffe und Formulierungen zu erklären.

3 Erkläre die unterstrichenen Formulierungen mit eigenen Worten. Schreibe ganze Sätze.

a) Es war ein epochaler Schritt.
Bedeutung:

b) Manche Berufe arbeiten vorwiegend „über Kopf".
Bedeutung:

c) Das Ausbalancieren des Körpergewichts verbraucht viel Energie.
Bedeutung:

d) Einseitige Körperhaltung ist anstrengend und ungesund.
Bedeutung:

Tipp:
Erschließe die Begriffe und Formulierungen aus dem Textzusammenhang oder schlage im Wörterbuch nach.

4 Schreibe andere Wörter oder kurze Formulierungen auf, die das Gleiche bedeuten.

a) erheblich =
b) Rückgrat =
c) Tücken haben =
d) Beschwerden haben =

Begriffe und Formulierungen erklären

Tipp:
Denke zuerst über die Bedeutung der Ausdrücke nach. Dann kannst du auch im Wörterbuch nachschlagen.

5 Verbinde die Bergriffe miteinander, die das Gleiche bedeuten.

allmählich	unterschätzt
Tätigkeit	Konsequenzen
körperliche Kraft	Halswirbelbereich
Nackenbereich	langsam
nicht ernst genommen	Aktivität
Folgen	Energie

Tipp:
Wenn deine Erklärung nicht genau passt, musst du sie etwas verändern. Wenn deine Erklärung gar nicht passt, schlage nochmals im Wörterbuch nach.

6 Setze deine Erklärungen aus Aufgabe 3 und 4 in die Lücken ein.
Du merkst dadurch, ob deine Erklärungen passen.

a) Insbesondere jenes biegsame Gebilde, das wir *(Rückgrat)* ______________________ nennen, wurde durch diesen *(epochalen)* ______________________ Schritt in der Menschheitsgeschichte erheblich belastet.

b) Besonders gebeugtes Stehen ist neben dem hohen Energieverbrauch *(für das Ausbalancieren des eigenen Körpergewichts)* ______________________

____

mit einer starken Belastung von Wirbelsäule, Skelettmuskulatur sowie Gelenken und Sehnen verbunden.

c) Das einfache Sitzen hat auch seine *(Tücken)* ______________________.

Informationen aus dem Text entnehmen

7 Bearbeite die Aufträge mit Hilfe des Textes.

a) Bestimmte Berufe führen besonders häufig zu Haltungsschäden. Schreibe diese Berufe auf.
Erläuterung:

b) Stehen und Bücken werden als ermüdende Tätigkeiten bezeichnet. Schreibe den Grund auf, der dafür genannt wird.
Grund:

c) Im Text sind schlimme Folgen falschen Sitzens genannt. Schreibe sie heraus.
Folgen:

d) Schäden an der Wirbelsäule kann man als Volksleiden bezeichnen. Schreibe auf, warum dieser Begriff zutrifft.
Begründung:

e) Die Arbeit am Bildschirm eines Computers kann typische gesundheitliche Beschwerden verursachen.
Schreibe diese Beschwerden auf.
Beschwerden:

Du übst, Fragen und Aufträge mit Hilfe des Textes zu bearbeiten und dabei gezielt Informationen aus dem Text zu entnehmen.

Tipps:
- Alle Informationen stehen im Text.
- Es klingt besser, wenn du ganze Sätze schreibst.

Einen eigenen Text vorbereiten

Das Thema heißt: *„Welche Ursachen können Haltungsschäden haben und was kann man dagegen tun?“*

Du übst, über eine Sache nachzudenken und einen eigenen Text darüber vorzubereiten.

8 Durch eine klare Gestaltung wird dein Text gut lesbar.
Lies dir die Gliederungspunkte durch und schreibe für Einleitung, Hauptteil und Schluss Stichworte auf.

Tipp: Überlege, welche Sachverhalte für das Thema wichtig sind, und notiere sie als Stichworte.

Einleitung

Warum ist das Thema aktuell? — *Haltungsschäden werden immer häufiger,*

Hauptteil

Gründe für Haltungsschäden — *unachtsames Verhalten der Menschen / äußere Umstände*

Möglichkeiten zur Gegensteuerung — *regelmäßige Bewegung,*

Schluss

Wie soll man mit dem Problem umgehen?

Einen eigenen Text vorbereiten

9 a) Ergänze passende Verben. Du findest die Verben in den genannten Textzeilen.

Zeile 5: Körperhaltungen können krank ______________________.

Zeile 11: Sitzen kann anstrengend ______________________.

Zeile 14: Bücken lässt viel Energie ______________________.

Zeile 20: Falsches Sitzen kann Schulterverspannungen ____________.

Zeile 21: Falsches Sitzen kann die Körperfunktionen ____________.

Zeile 22: Falsches Sitzen kann schlechte Durchblutung __________.

b) Dein Wortschatz wird umfangreicher, wenn du aus einem gegebenen Wort eine andere Wortart machen kannst. Trage jeweils die beiden fehlenden Wörter in die Tabelle ein.

verspannen	**verspannt**	**Verspannung**
	belastet	
		Ermüdung
	angestrengt	
schaden		
		Veränderung
behindern		
		Verhärtung

Du übst, deinen Wortschatz zu erweitern.

Tipp: Wenn du nicht sicher bist, kannst du die Formen auch im Wörterbuch nachschlagen.

Einen eigenen Text schreiben

Tipps:
- Wenn du eine sehr große Handschrift hast, schreibe auf einem Blatt Papier weiter.
- Verwende die Gedanken und Begriffe aus Aufgabe 8 und 9.

10 Schreibe jetzt einen Text zu dem Thema: *„Welche Ursachen können Haltungsschäden haben und was kann man dagegen tun?“*

Einleitung
Warum ist das Thema aktuell?

Hauptteil
Gründe für Haltungs-schäden

Möglichkeiten zur Gegen-steuerung

Schluss
Wie soll man mit dem Problem umgehen?

Tipp:
Kontrolliere zum Schluss deine Rechtschreibung.

Der kleine Test

Hier kannst du prüfen, ob du den Text gut verstanden hast.

11 Beantworte die Fragen kurz, möglichst ohne auf den vorigen Seiten nachzuschauen.

a) Wie heißt die Überschrift des Ausgangstextes?
Titel:

b) Worum geht es im Ausgangstext?
Thema:

c) Was möchte der Autor mit dem Text sagen?
Absicht des Autors:

Arbeitslos leben

Vor zwei Jahren wurde Jürgen arbeitslos. Damals war er zwanzig. Damals war er der festen Überzeugung, dass seine berufliche Zukunft nicht allzu düster aussah. Metallberuf! ‚Sein' Betrieb musste dichtmachen. Na und? Er selbst war doch schon qualifiziert. Diesen etwas unplanmäßigen Urlaub wollte er sich gönnen.

Heute ist Jürgen noch immer arbeitslos. Und mit jedem Tag Arbeitslosigkeit sinken die Chancen auf eine neue feste Beschäftigung. Als nach ein paar Wochen die Urlaubsstimmung gründlich verflogen war, musste er sich mit dem überraschenden und schmerzlichen Gedanken vertraut machen, dass er keineswegs so ‚arbeitsmarktgängig' war, wie er geglaubt hatte. Metallausbildung in der Industrie – gut. Erfahrung mit Automaten – auch gut. Aber was ist mit Computersteuerung? Der Fortschritt bleibt nicht stehen!

Metaller wie Jürgen werden zu Tausenden ‚frei'gestellt. Täglich. Nicht nur in der Bundesrepublik, sondern in allen Industriestaaten. Arbeiten, wie Jürgen sie zwei Jahre lang gelernt und zwei Jahre lang ausgeführt hat, sind geradezu maßgeschneidert für den Kollegen Roboter.

Bis vor zwei Jahren war Jürgen mit sich und seinem Leben eigentlich ganz zufrieden gewesen. Dass Arbeitslosigkeit einen Menschen gründlich verändern könne, davon hatte er schon gehört. Und theoretisch vorstellen konnte er es sich auch – vielleicht. Für sich selbst aber war er sicher, dass da keine Gefahr bestand. Doch dieses ständige Dem-Arbeitsmarkt-zur-Verfügung-stehen-Müssen, das immer vergebliche Nachfragen, an sich selbst beobachten zu müssen, wie man knickrig wird, dass man sich selbst und anderen nichts mehr gönnt – das ging ihm zunehmend auf den Geist. Niemals hätte er gedacht, dass ein Leben ohne den alten Druck so bedrückend sein könnte. Die mitleidigen Fragen früherer Kollegen fand er allmählich genauso unerträglich-verlogen wie die aufmunternden, aber nichts sagenden Sprüche seiner Kumpel. Am allermeisten aber nahm ihn mit, dass er auch mit Gigi nie richtig reden konnte; plötzlich war da so etwas wie eine gläserne Wand zwischen ihnen. Sie konnte nicht begreifen, wieso er sich verletzt fühlte, wenn sie ihm das Bier bezahlte.

Jürgen fühlt sich hin und her gerissen zwischen neuem Schwung, Mutlosigkeit und Selbstüberschätzung. Er beschäftigt sich mit vielem, und vieles beschäftigt ihn. Jürgen ist arbeitslos. *Lore Schultz-Wild*

Informiere dich in den Schriften der Berufsberatung oder im Internet über moderne Metallberufe und ihre Berufsaussichten.

Texte erschließen 9/10
Lösungen

Hinweise zu den Lösungen

Mit Hilfe des Lösungsteils kannst du selbst kontrollieren, ob du gut gearbeitet hast.

- Bei den **Aufgaben 1 und 2** hast du aus dem Text herausgeschrieben.
  Hier müssen deine Eintragungen genau mit dem Text im Lösungsteil übereinstimmen.
- Bei den **Aufgaben 3, 4, 5 und 6** hast du aus dem Text herausgeschrieben.
  Hier müssen deine Eintragungen nicht immer genau mit dem Text im Lösungsteil übereinstimmen.
  Soweit du das Wörterbuch benutzt hast oder eigene Formulierungen gefunden hast, können deine Eintragungen von den gegebenen Lösungen abweichen. Richtig sind deine abweichenden Eintragungen, wenn sie mit den gegebenen Lösungen sinngemäß übereinstimmen.
- Bei den **Aufgaben 7, 8, 10 und 11** hast du Stichworte und Texte selbst formuliert.
  Solche eigenen Texte sind etwas sehr Persönliches. Daher ist es nicht möglich, exakte Lösungen zu geben.
  Hier sind deine Lösungen richtig, wenn du ähnliche Gesichtspunkte gefunden hast wie die gegebenen Lösungen.
- Bei der **Aufgabe 9** hast du aus vorgegebenen Wörtern ausgewählt.
  Hier müssen deine Eintragungen genau mit dem Text im Lösungsteil übereinstimmen.

TEXT 1:

Mythos und Wirklichkeit – Graf Zeppelin

1 a) Vor nunmehr hundert Jahren unternahm das berühmte Luftschiff über dem Bodensee seine <u>Jungfernfahrt</u>.
b) Über <u>zwei Jahrzehnte</u> Vorbereitungszeit und 200 000 Euro Kosten haben sich gelohnt.
c) Die Ausstellung versteht sich eben nicht als Biografie, sondern will <u>Geschichten erzählen</u>.
d) Stück für Stück taucht der Besucher dabei ab in die spannende Zeit, als die <u>Luftschifffahrt</u> noch <u>in den Kinderschuhen</u> steckte.
e) Büsten des Grafen <u>im gehobenen Alter</u>, seine Parade-Uniform und Adels-Porträts runden das Mosaik der Eindrücke ab.

2 a) Keine Frage, die LZ-1-Gondel zählt zu den <u>Highlights</u> im Zeppelin-Museum in Friedrichshafen.
b) Ein Teil der Ausstellung widmet sich dem Grafen als <u>Privatmann</u>.
c) So findet sich zu fast allen Exponaten <u>eine kleine Tafel</u>.
d) Die Ausstellung „Der Graf 1838–1917“ versteht sich aber nicht als <u>Technikschau</u>.
e) Vor dem großartigen Bild der aufsteigenden LZ 1 bieten <u>drei Vitrinen</u> die persönlichen Ausrüstungsgegenstände des Luftfahrtpioniers.

3 a) Er war eine berühmte Person von großer geschichtlicher Bedeutung.
b) Der Besucher erlebt die Entwicklung der Luftschifffahrt, als sie noch am Anfang stand.

4 a) Jungfernfahrt
b) Luftschiffpionier
c) Highlight
d) Exponat
e) Anekdote
f) Kuriosität

5 a) zuverlässig, glaubwürdig, wahrheitsgetreu
b) Erbauer, Planer
c) nebensächliches Ereignis, Begebenheit
d) Sammlung von Urkunden oder Dokumenten

e) Leiter, Vorstand
f) Lebensbeschreibung, Lebenslauf
g) zigarrenförmiges Luftschiff
h) Laufbahn, Werdegang
i) Bild aus verschiedenfarbigen Steinen oder Plättchen
j) Bild eines Menschen, Brustbild

6 a) Das Luftschiff blieb 17 Minuten in der Luft – eine gute Viertelstunde, die für seinen Erbauer die Welt bedeutete.
b) So findet sich zu fast allen Exponaten eine kleine Tafel. Sie teilt eine wahrheitsgetreue Begebenheit oder Anekdote mit.
c) „Die Ausstellung versteht sich nicht als Lebensbeschreibung, sondern will Geschichten erzählen", sagt der Museumsleiter.

7 a) Zeppelin war Luftfahrtpionier und er war Offizier.
b) Bei fast allen Exponaten finden sich kleine Tafeln, auf denen wahre Begebenheiten aus dem Leben Zeppelins zu lesen sind.
c) Die Gegenstände aus den Archiven des Museums und aus dem Besitz der Familie Zeppelin.
d) **Kuriositäten:**
gebasteltes Regal, Dienstbotenordnung
Darstellungen von Personen:
Büsten Zeppelins, Adelsporträts
Ausrüstung:
Schutzbrille, Fernrohr, Mütze, Paradeuniform

8 **Einleitung**
Warum ist das Thema aktuell?
- Flugverkehr nimmt immer mehr zu
- Faszination besteht immer noch
- Traum für immer mehr Menschen erfüllbar
- Dies zeigt sich in verschiedenen Beispielen

Hauptteil
Erfüllung des Traums heute
- als „passiver Mitflieger" (Fluggast) im Flugzeug durch Buchung von Flugreisen
  z. B. Geschäftsreisen, Urlaub
- als „aktiver Selbstflieger" durch Ausübung von Abenteuersportarten
  z. B. Bungeejumping, Drachenfliegen, Gleitschirmfliegen
- als Beobachter durch Teilnahme an Flugveranstaltungen
  z. B. Besuch von Flugtagen

Reiz des Fliegens
- Erfüllung von Abenteuerlust
- Befriedigung von Fernweh
- Erfüllung des Wunschs nach einem Blick von oben

Vorzüge des Fliegens
- Schnelle Überwindung großer Entfernungen
- Bequemes Reisemittel
- Reisen ohne Verkehrsstau

Probleme des Flugverkehrs
- Ozonloch durch Abbau der Ozonschicht
- Fluglärm
- Raumbedarf großer Flughäfen
- Gefahr von Flugzeugunglücken

Schluss
Was bedeutet das Fliegen für dich?
Äußerung darüber, ob das Fliegen dich selbst auch fasziniert und ob du persönliche Erfahrung damit hast

9 a) **Fliegen im Alltag und Geschäftsleben**
Linienverkehr, Charterflug, Geschäftsreise, Gütertransport
Fliegen in Sport und Freizeit
Drachenfliegen, Urlaubsreise, Paragleiten, Rundflug, Ballonfliegen, Segelfliegen, Fallschirmspringen, Bungeejumping
b) **Was Menschen am Fliegen fasziniert:**
Gefühl von Freiheit, Hauch von Abenteuer, über den Wolken sein, die Welt von oben sehen
Verben, die das Fliegen beschreiben:
gleiten, schweben, starten, abheben, landen
Praktische Vorzüge des Fliegens:
schnelles Verkehrsmittel, Reisen ohne Verkehrsstress
Einrichtungen für Flugfans:
Flugschau, Besucherterrassen

11 a) **Titel:** Mythos und Wirklichkeit – Graf Zeppelin
b) **Thema:** Ausstellung zur Person des Luftfahrtpioniers Zeppelin
c) **Absicht des Autors:** Er will über die Ausstellung informieren.

TEXT 2:

Bequemlichkeit mit Tücken

1 a) Mit der Entwicklung zum aufrechten Gang haben wir Menschen uns nicht nur Vorteile eingehandelt.
b) Die Erkenntnis, dass aber auch das Sitzen ganz schön anstrengend sein kann, ist noch nicht sehr alt.
c) Grund für die Anstrengung ist, dass unser Körper dabei mehr Energie verbraucht als beim Sitzen.

d) Jedoch hat auch das scheinbar so bequeme Sitzen seine Tücken.
e) Man spricht in diesem Zusammenhang also zu Recht von einem Volksleiden.

2 a) So kann es durchaus geschehen, dass sitzende Menschen schneller ermüden als stehende.
b) Es gibt Schätzungen, wonach bereits zwischen einem Drittel und der Hälfte der deutschen Bevölkerung unter mehr oder weniger schweren Schäden der Wirbelsäule leidet, ...
c) Einseitige Körperhaltung wie bei der sitzenden Bildschirmarbeit ist für Millionen Büro-Angestellte zu einer häufig noch unterschätzten Belastung geworden.
d) Auch Berufe, die vorwiegend „über Kopf" arbeiten, wie Elektriker, Maler, Automechaniker, sind von solchen Beschwerden betroffen.
e) Jedoch hat auch das scheinbar so bequeme Sitzen seine Tücken.

3 a) Ein epochaler Schritt ist ein Ereignis von geschichtlicher Bedeutung. Das heißt: Es ist für den Fortgang der Geschichte der Menschheit von besonderer Bedeutung.
b) „Über Kopf arbeiten" bedeutet, mit den Händen bzw. mit den Armen oberhalb des Kopfes zu arbeiten.
c) Den Körper beim Stehen ausbalancieren bedeutet, ihn im Gleichgewicht halten.
d) Einseitige Körperhaltung bedeutet, dass der Körper immer oder sehr häufig die gleiche Haltung einnimmt.

4 a) stark, beträchtlich
b) Wirbelsäule
c) versteckte Gefahren
d) körperliche Leiden haben

5 allmählich = langsam
Tätigkeit = Aktivität
körperliche Kraft = Energie
Nackenbereich = Halswirbelbereich
nicht ernst genommen = unterschätzt
Folgen = Konsequenzen

6 a) Insbesondere jenes biegsame Gebilde, das wir Wirbelsäule nennen, wurde durch diesen geschichtlich bedeutsamen Schritt in der Menschheitsgeschichte erheblich belastet.
b) Besonders gebeugtes Stehen ist neben dem hohen Energieverbrauch zur Erhaltung des Gleichgewichts des Körpers mit einer starken Belastung von Wirbelsäule, Skelettmuskulatur sowie Gelenken und Sehnen verbunden.
c) Das einfache Sitzen hat auch seine versteckten Gefahren.

7 a) Frisöre, Elektriker, Maler, Automechaniker
b) Stehen und Bücken verbrauchen viel Energie.
c) Als Folgen können Schulterverspannungen, Veränderungen der Bandscheiben, behinderte Funktion der Verdauungs- und Atmungsorgane, schlechtere Durchblutung, geringere Sauerstoffzufuhr in den Zellen und Schäden der Wirbelsäule eintreten.
d) Ein großer Teil der deutschen Bevölkerung leidet darunter.
e) Wirbelsäule und Schulterpartie werden geschädigt. Im Nackenbereich treten Muskelverspannungen und Muskelverhärtungen auf.

8 **Einleitung**
Warum ist das Thema aktuell?
Haltungsschäden werden immer häufiger; gesundheitliche Schäden durch das Sitzen; so viele Menschen betroffen, dass von Volksleiden gesprochen werden kann
Hauptteil
Unachtsames Verhalten der Leute
- schlechte Körperhaltung: gekrümmter, verkrampfter Rücken
- schlechte Sehhaltung, z. B. weil die Brille fehlt oder weil Gerät ungünstig steht

Äußere Umstände
schlechte äußere Bedingungen, schlechte Lichtverhältnisse am Arbeitsplatz, Stress und fehlende Pausen, Fehler beim Sitzmöbel, nicht körpergerechte Form, falsche Höhe
Möglichkeiten zur Gegensteuerung
regelmäßige Bewegung, Abwechslung, aufrechte Körperhaltung, Sport treiben
Schluss
Wie soll man dem Problem begegnen?
- Beginn der Haltungsschäden schon in jungen Jahren
- Folge (Konsequenz): schon zu Hause und in Schule auf körpergerechte Haltung und Abwechslung achten

9 a) Zeile 5: Körperhaltungen können krank machen.
Zeile 11: Sitzen kann anstrengend sein.
Zeile 14: Bücken lässt viel Energie verbrauchen.
Zeile 20: Falsches Sitzen kann Schulterverspannungen fördern.
Zeile 21: Falsches Sitzen kann die Körperfunktionen behindern.
Zeile 22: Falsches Sitzen kann eine schlechte Durchblutung bewirken.

b) verspannen, verspannt, Verspannung
belasten, belastet, Belastung
ermüden, ermüdet, Ermüdung
anstrengen, angestrengt, Anstrengung
schaden, schädlich, Schädigung
verändern, verändert, Veränderung
behindern, behindert, Behinderung
verhärten, verhärtet, Verhärtung

11 a) **Titel:** Bequemlichkeit mit Tücken
b) **Thema:** Zunahme von Haltungsschäden bei vielen Menschen
c) **Absicht des Autors:** Er macht besonders auf das falsche Sitzen als Grund für Haltungsschäden aufmerksam.

TEXT 3:

Arbeitslos leben

1 a) Der Fortschritt bleibt nicht stehen!
b) Er selbst war doch schon qualifiziert.
c) Dass Arbeitslosigkeit einen Menschen gründlich verändern könne, davon hatte er schon gehört.
d) Sie konnte nicht begreifen, wieso er sich verletzt fühlte, wenn sie ihm das Bier bezahlte.
e) Er beschäftigt sich mit vielem, und vieles beschäftigt ihn.
f) Niemals hätte er gedacht, dass ein Leben ohne den alten Druck so bedrückend sein könnte.

2 a) Damals war er der festen Überzeugung, dass seine berufliche Zukunft nicht allzu düster aussah.
b) Diesen etwas unplanmäßigen Urlaub wollte er sich gönnen.
c) Und mit jedem Tag Arbeitslosigkeit sinken die Chancen auf eine neue feste Beschäftigung.
d) Arbeiten, wie Jürgen sie zwei Jahre lang gelernt und zwei Jahre lang ausgeführt hat, sind geradezu maßgeschneidert für den Kollegen Roboter.
e) Und theoretisch vorstellen konnte er es sich auch – vielleicht.

3 a) arbeitsmarktgängig: Arbeitsmarktgängig ist ein Beruf, der gesucht ist und für den deshalb leicht eine Arbeitsstelle vermittelt werden kann.
b) ‚frei'gestellt: ‚Frei'gestellt ist jemand, der frei hat, weil er entlassen ist.
c) Industriestaaten: Industriestaaten sind Länder, deren Wirtschaftskraft vor allem auf industrieller Produktion beruht.
d) unplanmäßig: Unplanmäßig ist, was überraschend und unvorhergesehen eintritt.
e) Roboter: Ein Roboter ist eine elektronisch gesteuerte Maschine, die etwas vollautomatisch ausführt, also gleichsam ein „Maschinenmensch".
f) knickrig: Jemand ist knickrig, wenn er aus Sparsamkeit oder Geiz „jeden Cent noch einmal umdreht", bevor er ihn ausgibt.

4 a) theoretisch = rein gedanklich, in der Vorstellung
b) allmählich = langsam, mit der Zeit zunehmend
c) gründlich = von Grund auf, vollständig, sorgfältig
d) qualifiziert = besonders befähigt, fachkundig
e) verletzt = gekränkt
f) zunehmend = immer mehr, immer stärker

5 a) sein Betrieb musste dichtmachen
= Sein Betrieb musste schließen.
b) seine Zukunft sah nicht allzu düster aus
= Er erwartete in der Zukunft keine größeren Probleme.
c) ging ihm zunehmend auf den Geist
= ärgerte ihn
d) maßgeschneidert für den Kollegen Roboter
= besonders geeignet, von einem Roboter (Automaten) ausgeführt zu werden
e) die Urlaubsstimmung war gründlich verflogen
= Die gute Stimmung war vollkommen weg.

6 a) Metaller wie Jürgen werden zu Tausenden entlassen. Täglich. Nicht nur in der Bundesrepublik, sondern in allen Ländern, deren Wirtschaft auf der industrieller Fertigung beruht. Arbeiten, wie Jürgen sie zwei Jahre lang gelernt und zwei Jahre lang ausgeführt hat, sind besonders geeignet, von einem Automaten ausgeführt zu werden.
b) Dass Arbeitslosigkeit einen Menschen von Grund auf verändern könne, davon hatte er schon gehört. Und rein gedanklich vorstellen konnte er es sich auch.

7 a) Er hielt den Metallberuf für krisensicher. Er hielt sich für qualifiziert und damit für eine begehrte Arbeitskraft.
b) Seine Ausbildung hielt nicht mit der Entwicklung der Technik Schritt.
c) Äußerungen der Kollegen empfand er als unerträglich. Äußerungen der Bekannten empfand er als nichts sagende Sprüche.

d) Es bewegten ihn ganz unterschiedliche Gefühle wie Schwung, Mutlosigkeit und Selbstüberschätzung.
e) Durch die Automatisierung werden immer weniger Arbeitskräfte gebraucht.

8 **Einleitung**

Warum ist das Thema aktuell?

ständige Berichte über die hohe Zahl an Arbeitslosen in Deutschland

Hauptteil

Im Text genannte Folgen

Änderungen in vielen Bereichen möglich; Veränderungen in der Lebensführung, finanzielle Einschränkungen; Veränderungen in den Beziehungen zu anderen, z. B. zurückziehen von Partner, Familie, Freunden; nicht mehr miteinander reden können

Weitere Folgen

- Veränderungen im Selbstbild, Zweifel an den eigenen Fähigkeiten, Minderwertigkeitsgefühl, Unausgeglichenheit, Schamgefühl, weil man nicht arbeitet
- Veränderungen im Verhalten: gereizt/nervös sein, weniger sprechen / stiller werden, weniger Unternehmungslust

Schluss

Was kann man tun?

Möglichkeiten der Abhilfe

- gesellschaftlich: Schaffung von Arbeitsplätzen
- persönlich: Hilfe zum Umgang mit dem Problem

9 a) **positiv:** fröhlich, zufrieden, aktiv, optimistisch, tatkräftig, schwungvoll, ausgeglichen, glücklich
negativ: bedrückt, passiv, pessimistisch, gereizt, nervös, verzweifelt, traurig, enttäuscht

b) fröhlich ▶ Fröhlichkeit
zufrieden ▶ Zufriedenheit
passiv ▶ Passivität
pessimistisch ▶ Pessimismus
aktiv ▶ Aktivität
optimistisch ▶ Optimismus
tatkräftig ▶ Tatkraft
mutlos ▶ Mutlosigkeit
nervös ▶ Nervosität
ausgeglichen ▶ Ausgeglichenheit
mitleidig ▶ Mitleid
glücklich ▶ Glück
traurig ▶ Traurigkeit
arbeitslos ▶ Arbeitslosigkeit

11 a) **Autorin:** Lore Schultz-Wild
b) **Titel:** Arbeitslos leben
c) **Thema:** Auswirkungen von Arbeitslosigkeit auf den Menschen.
d) **Absicht der Autorin:** Sie will auf die Situation der von Arbeitslosigkeit betroffenen Menschen aufmerksam machen.

TEXT 4

Höchster Luxus im Haushalt

1 a) Es gehört wohl ein Spezialstudium dazu, so eine Maschine zu bedienen.
b) Damit fällt eine der lästigsten Hausarbeiten weg. Eine großartige Erleichterung.
c) Wir haben jetzt eine automatische Tellerwaschmaschine gekauft.
d) Gar kein Studium. Man schafft sie an und kümmert sich um nichts.
e) Sie hat ein Elektronenhirn.

2 a) So ein Gerät gehört einfach in eine moderne Familie.
b) Damit fällt eine der lästigsten Hausarbeiten weg.
c) Sie ... erledigt die verschiedenen Arbeiten in der zweckmäßigsten Reihenfolge und Kombination.
d) Das ermöglicht ihr auch, den Kindern bei den Schularbeiten zu helfen.
e) Die vollautomatische Universalhauswirtschaftsmaschine lächelte.

3 a) Luxus ist ein Aufwand, der das Normale weit übersteigt.
b) Murks ist eine schlechte, stümperhafte Arbeit.
c) Universal umfasst alles.
d) Automation ist ein Produktionsablauf, der sich ohne menschliches Eingreifen vollzieht.
e) Ein Spezialstudium ist ein besonderes (spezielles) Studium.
f) Ein Arbeitsplan listet die Tätigkeiten und ihre Reihenfolge auf.
g) Kombination bedeutet Zusammenstellung, Verbindung oder auch gedankliche Folgerung.
h) Eine Traumküche ist eine Idealküche, die beste Küche, die man sich vorstellen kann.

4 a) die Entwicklungen mitmachen = mit der Zeit gehen
b) mit Wenigem zufrieden sein = bescheidenen Ansprüchen genügen
c) in der zweckmäßigsten Reihenfolge und Kombination

5

			s	t	o	p	f	e	n				
	s	t	e	r	i	l	i	s	i	e	r	e	n
z	w	e	c	k	m	ä	ß	i	g				
a	u	t	o	m	a	t	i	s	c	h			
			l	ä	s	t	i	g					
			a	n	g	e	s	c	h	a	f	f	t
	K	o	m	b	i	n	a	t	i	o	n		

6 a) Aber wenn man schon anfängt mit der vollautomatischen Haushaltsführung, muss man sie auch konsequent zu Ende führen.

b) Sie stellt sogar ihre Liste der zu erledigenden Arbeiten selber auf und erledigt die verschiedenen Arbeiten in der zweckmäßigsten Reihenfolge und Zusammenstellung.

c) Gegen unsere Haushalts-Super sind sie eine ganz stümperhafte Sache.

7 a) Alle drei Frauen sind berufstätig. (Daher ist das Geld für die Maschinen da.)

b) 1. Herr: Automatisches Gerät ist modern. Man muss mit der Zeit gehen.
2. Herr: Maschinen sind eine Erleichterung, denn eine sehr leidige Hausarbeit fällt weg.
3. Herr: Konsequente Automation verlangt ein vollautomatisches Universalgerät.

c) Mit der Universalhauswirtschaftsmaschine ist die Frau des vierten Herrn gemeint. Deshalb ist die Formulierung „Man schafft sie an" unpassend, weil man sie nicht gebraucht, wenn man von einem Menschen spricht. Auch die Formulierung „Man kümmert sich um nichts" passt nicht, weil man sich selbstverständlich um seine Frau kümmern muss.

d) Es gibt viele mögliche Kommentare der Frau:
- Wenn sie empört ist, dass sie die Haushaltsmaschinen ersetzt, sagt sie z. B.: „Ich bin im Haushalt, weil es mir Spaß macht und nicht als Haushaltsmaschine!" oder „Allerhand, mich als Maschine zu bezeichnen!"
- Wenn sie empört ist, dass ihre Hausfrauentätigkeit als Luxus bezeichnet wird, sagt sie z. B.: „Zu Hause arbeiten ist kein Luxus, sondern gut für die Familie."
- Wenn sie den Männern Recht gibt und unzufrieden ist, sagt sie z. B.: „Stimmt. Eigentlich würde ich auch lieber in einem Beruf arbeiten."
- Wenn sie den Männern Recht gibt, aber zufrieden ist, sagt sie z. B.: „Dass sich jemand leisten kann, dass seine Frau nicht mitverdient, sondern zu Hause ist, ist eigentlich wirklich Luxus."
- Wenn sie damit unzufrieden ist, dass sie keine Haushaltsmaschinen hat, sondern alles von Hand machen muss, sagt sie z. B.: „Sie haben Recht. Es ist einen Zumutung, dass mein Mann glaubt, wir bräuchten keine Haushaltsmaschinen!"
- Wenn sie sich ärgert, dass ihr Mann sagt, man schaffe sie an und brauche sich nicht mehr um sie zu kümmern, sagt sie z. B.: „So geht das nicht. Ich bin doch keine Maschine."

8 **Einleitung**

Warum ist das Thema aktuell?

Heute sind immer mehr Frauen berufstätig. Es stellt sich die Frage: Was spricht dafür, Hausfrau oder Hausmann zu sein bzw. einer Berufstätigkeit nachzugehen?

Hauptteil

Was spricht dafür, dass beide Elternteile berufstätig sind?
- mehr Möglichkeit zur beruflichen Selbstverwirklichung (= die Entfaltung der eigenen Neigungen und Kräfte)
- mehr Einkommen der Familie

Was spricht dafür, dass ein Elternteil nur im Haushalt tätig ist?
- mehr Zeit für die Betreuung der Kinder
- mehr Zeit für die Führung des Haushalts
- mehr Zeit für die Familie
- mehr Zeit für eigene Interessen

Schluss

Was meinst du dazu?

Persönliche Aussage darüber, welche Gründe du selbst für wichtiger hältst

9 a) Kinder betreuen ▸ Kinderbetreuung
Einkommen verbessern ▸ Einkommensverbesserung
doppelt belastet sein ▸ Doppelbelastung
sich selbst verwirklichen ▸ Selbstverwirklichung
beruflich tätig sein ▸ Berufstätigkeit
Haushalt führen ▸ Haushaltsführung
Arbeit teilen ▸ Arbeitsteilung

b) ich *meine*
ich *vermute*
ich *glaube*
ich *halte es für besser*
ich *bin überzeugt*
es *erscheint mir besser*
mir *scheint wichtig*
meines *Erachtens*
meiner *Auffassung nach*
meiner *Ansicht nach*
meiner *Überzeugung nach*
nach *meiner Meinung*

11 a) **Autor:** Hellmut Holthaus
b) **Titel:** Höchster Luxus im Haushalt
c) **Thema:** Berufstätigkeit der Frau
d) **Absicht des Autors:** Er stellt die Frage, ob es Luxus (also Verschwendung) ist, wenn eine Frau nicht berufstätig, sondern Hausfrau ist.

TEXT 5:

Die rettende Idee

1 a) Weigere sie sich aber, einen Stein aus dem Beutel zu nehmen, so wandere ihr Vater ins Gefängnis, und sie würde verhungern.
b) Der Geldverleiher war ein schräger Typ und hatte es auf die junge schöne Tochter des Kaufmanns abgesehen.
c) Der Geldverleiher bückte sich, um zwei Steine aufzuheben.
d) Sie stellte sich ungeschickt und ließ ihn zu Boden fallen ...
e) Der verbliebene Stein war schwarz.

2 a) Vor langer Zeit wurden Leute, die Geld schuldig waren, ins Gefängnis geworfen.
b) Vater und Tochter waren entsetzt über diesen Antrag.
c) Das Mädchen, das die Angst scharfsichtig gemacht hatte ...
d) Wenn Ihr in den Beutel seht, könnt Ihr an der Farbe des anderen Steins feststellen, welchen ich genommen habe.
e) Denn natürlich wagte es der Geldverleiher nicht, seine Unredlichkeit einzugestehen.

3 a) in der Kreide stehen = Wer in der Kreide steht, hat Schulden.
b) er hatte es auf die Tochter abgesehen = Er wollte die Tochter haben.
c) die Schuld erlassen = Die Schuld ist erlassen, wenn auf Rückzahlung von verliehenem Geld verzichtet wird.
d) seine Einwilligung geben = Wer einwilligt, ist mit etwas einverstanden oder drückt seine Zustimmung aus.
e) scharfsichtig sein = Scharfsichtig ist, wer besonders wachsam ist und klar sieht.
f) wo er sich unter all den anderen Steinen verlor = Der heruntergefallene Stein war von den anderen Steinen auf dem Boden nicht mehr zu unterscheiden.
g) seine Unredlichkeit eingestehen = Seine Unredlichkeit gesteht ein, wer zugibt, etwas Betrügerisches getan zu haben.

4 a) seltsamer, nicht ganz ehrlicher Mensch
b) Geldbeutel
c) widerwillig, zögernd
d) ungeschickter, einfältiger Mensch
e) glauben, vermuten

5 a) Er schlug vor, die Sache nicht selbst zu entscheiden, sondern den Zufall oder das Glück (z. B. durch das Los) entscheiden zu lassen.
b) Der gezogene Stein sollte ihr Schicksal bzw. ihre Zukunft entscheiden.

6 a) In dieser Zeit hatte ein Kaufmann das Unglück, mit einer hohen Summe verschuldet zu sein.
b) Der Kaufmann gab widerwillig zögernd seine Einwilligung.
c) Da der verbliebene Stein schwarz war, mussten die Beteiligten glauben, dass der weiße Stein gezogen wurde, denn natürlich wagte es der Geldverleiher nicht, seinen Betrug einzugestehen.

7 a) Er ist entsetzt. Er stimmt nur widerstrebend zu.
b) **1. Möglichkeit:** Sie zieht schwarz.
Folge: Sie muss den Geldverleiher heiraten – der Vater ist frei
2. Möglichkeit: Sie weigert sich.
Folge: Sie ist frei, muss aber verhungern – der Vater muss ins Gefängnis
3. Möglichkeit: Sie zieht weiß.
Folge: Sie ist frei – dem Vater werden die Schulden erlassen
c) Das Mädchen befand sich in einer äußerst schlechten Situation. Sie hatte eigentlich nur drei Alternativen. Was sie auch tat, die Konsequenzen waren in jedem Falle negativ. Sie löste das Problem mit einem kreativen Einfall.

8 **Einleitung**
Grundangaben zum Text
Autor: Edward de Bono
Titel: Die rettende Idee
Thema: Ein scheinbar unlösbares Problem wird gelöst
Hauptteil
Zusammenfassung der Geschichte
Ein Mann hat Geld geliehen –
Er kann nicht zurückzahlen – ihm droht Gefängnis – Geldverleiher will Schicksal entscheiden lassen –
Tochter soll Kiesel aus Geldbörse ziehen –
- weiß = Schuld ist erlassen
- schwarz = sie muss Geldverleiher heiraten
- nicht ziehen = Vater muss ins Gefängnis

Tochter bemerkt zwei schwarze Kiesel in Geldbörse –
Situation erscheint ausweglos –
Tochter löst Problem durch Idee –
Sie zieht Stein und lässt ihn fallen –
Auf schwarz-weißem Kieselboden nicht auffindbar –
Also entscheidet im Sack verbliebener Stein –
Dieser ist schwarz: Vater und Tochter gerettet

Schluss

Eigene Gedanken zur Absicht des Autors

Der Autor will mit der Geschichte zeigen: Auch ein scheinbar unlösbares Problem ist lösbar, wenn man eine kreative (schöpferische) Idee hat.

9 a)

Präteritum	**Präsens**
ich ging	ich gehe
sie dachte	sie denkt
er fragte	er fragt
sie standen	sie stehen
er forderte auf	er fordert auf
sie besprachen	sie besprechen

	Präsens	**Präteritum**
bückte sich		✗
sagt	✗	
holte heraus		✗
macht	✗	
hob auf		✗
entdeckt	✗	
zieht	✗	
schlug vor		✗

b) Nichtwörtliche (indirekte) Rede:
Der Vater erklärt, dass er die Schuld nicht zurückzahlen könne.
Der Geldverleiher sagt, dass er das Mädchen heiraten wolle.
Der Geldverleiher kündigt an, dass er zwei Kieselsteine aufhebe.
Er sagt zu dem Mädchen, dass sie einen Stein ziehen müsse.
Das Mädchen ruft, dass ihr der Stein leider heruntergefallen sei.

11 a) **Autor:** Edward de Bono
b) **Titel:** Die rettende Idee
c) **Thema:** Bewältigung einer scheinbar aussichtslosen Situation
d) **Absicht des Autors:** Auch ein scheinbar unlösbares Problem ist lösbar, wenn man eine kreative (schöpferische) Idee hat.

Textstellen erkennen

1 Die unterstrichenen Wörter oder Wortgruppen findest du genauso oder fast genauso im Text.
Schreibe die betreffenden Sätze heraus und unterstreiche die Formulierungen.

a) Der Fortschritt steht nicht still.
Textstelle:
Der Fortschritt bleibt nicht stehen!

b) Er selbst besaß eine gute Qualifikation.
Textstelle:

c) Es war ihm bekannt, dass Arbeitslosigkeit einen Menschen grundlegend verändern kann.
Textstelle:

d) Sie verstand nicht, dass es ihn kränkte, wenn sie sein Bier bezahlte.
Textstelle:

e) Es gab vieles, was ihn beschäftigte.
Textstelle:

f) Er bemerkte, dass ihm der alte Druck fehlte.
Textstelle:

Du übst, Textstellen zu bestimmten Aussagen zu finden.

Tipp: Merke dir die Wörter oder Wortgruppen und suche im Text danach.

Textstellen erkennen

Du übst, bestimmte Wörter oder Wortgruppen in einem Text zu finden, auch wenn sie darin etwas anders formuliert sind.

Tipp:
Denke über die Bedeutung der Wörter nach. Suche dann danach, wo im Text sinngemäß das Gleiche steht.

2 Für die unterstrichenen Wörter oder Wortgruppen findest du im Text andere Formulierungen.
Schreibe die betreffenden Sätze heraus und unterstreiche die Formulierungen.

a) Er war sich ganz sicher, dass seine Berufsaussichten nicht schlecht waren.
Textstelle:
Damals war er der festen Überzeugung, dass seine berufliche Zukunft nicht allzu düster aussah.

b) Er wollte die Arbeitslosigkeit als unvorhergesehene Ferien genießen.
Textstelle:

c) Je länger man ohne Arbeit ist, desto geringer wird die Einstellungschance.
Textstelle:

d) Die Arbeiten, die Jürgen erlernt hatte, waren ganz besonders geeignet für die vollautomatische Fertigung.
Textstelle:

e) Rein gedanklich erschien es ihm möglich – vielleicht.
Textstelle:

Begriffe und Formulierungen erklären

3 Erkläre diese Begriffe mit eigenen Worten.
Schreibe ganze Sätze.

a) arbeitsmarktgängig = ______

b) ,frei'gestellt = ______

c) Industriestaaten = ______

d) unplanmäßig = ______

e) Roboter = ______

f) knickrig = ______

Du übst,
Begriffe und Formulierungen zu erklären.

Tipp:
Erschließe die Begriffe und Formulierungen aus dem Textzusammenhang oder schlage im Wörterbuch nach.

4 Schreibe Wörter oder kurze Formulierungen auf, die das Gleiche bedeuten.

a) theoretisch = ______
b) allmählich = ______
c) gründlich = ______
d) qualifiziert = ______
e) verletzt = ______
f) zunehmend = ______

Begriffe und Formulierungen erklären

Tipp:
Erschließe die Bedeutung der Ausdrücke aus dem Textzusammenhang oder schlage im Wörterbuch nach.

5 Ersetze die umgangssprachlichen Ausdrücke, die im Text vorkommen, durch andere (schriftsprachliche) Formulierungen.

a) sein Betrieb musste dichtmachen
= ______________________

b) seine Zukunft sah nicht allzu düster aus
= ______________________

c) ging ihm zunehmend auf den Geist
= ______________________

d) maßgeschneidert für den Kollegen Roboter
= ______________________

e) die Urlaubsstimmung war gründlich verflogen
= ______________________

Tipp:
Wenn deine Erklärung nicht genau passt, musst du sie etwas verändern. Wenn deine Erklärung gar nicht passt, schlage nochmals im Wörterbuch nach.

6 Setze deine Erklärungen aus Aufgabe 3, 4 und 5 in die Lücken ein. Du merkst dadurch, ob deine Erklärungen passen.

a) Metaller wie Jürgen werden zu Tausenden *(‚frei'gestellt)* ______________. Täglich. Nicht nur in der Bundesrepublik, sondern in allen *(Industriestaaten)* ______________
______________________.

Arbeiten, wie Jürgen sie zwei Jahre lang gelernt und zwei Jahre lang ausgeführt hat, sind *(geradezu maßgeschneidert für den Kollegen Roboter)*
______________________.

b) Dass Arbeitslosigkeit einen Menschen *(gründlich)* ______________ verändern könne, davon hatte er schon gehört.
Und *(theoretisch)* ______________ vorstellen konnte er es sich auch.

Informationen aus dem Text entnehmen

7 Bearbeite die Aufträge mit Hilfe des Textes.

a) Jürgen erwartete nicht, arbeitslos zu werden.
Schreibe den Grund dafür auf.
Grund:

b) Jürgen erkannte, warum er keine Arbeit mehr fand.
Schreibe den Grund auf.
Grund:

c) Notiere, wie Jürgen die Äußerungen seiner Kollegen und Bekannten empfand.
Wirkung:

d) Jürgen fühlte sich innerlich hin und her gerissen.
Erläutere diese Formulierung.
Erklärung:

e) Schreibe auf, warum die Arbeitslosigkeit von Metallarbeitern als „Problem aller Industriestaaten" bezeichnet wird.
Erklärung:

Du übst,
Fragen und Aufträge mit Hilfe des Textes zu bearbeiten und dabei gezielt Informationen aus dem Text zu entnehmen.

Tipps:
- Alle Informationen stehen im Text.
- Es klingt besser, wenn du ganze Sätze schreibst.

Einen eigenen Text vorbereiten

Das Thema heißt: *„Wie wirkt sich Arbeitslosigkeit auf den Menschen aus?“*

Du übst,
über eine Sache nachzudenken und einen eigenen Text darüber vorzubereiten.

8 Durch eine klare Gestaltung wird dein Text gut lesbar.
Lies dir die Gliederungspunkte durch und schreibe für Einleitung, Hauptteil und Schluss Stichworte auf.

Tipp:
Überlege, welche Sachverhalte für das Thema wichtig sind, und notiere sie als Stichworte.

Einleitung

Warum ist das Thema aktuell? ständige Berichte über die hohe Zahl von Arbeitslosen in Deutschland,

Hauptteil

Im Text genannte Folgen der Arbeitslosigkeit Veränderungen in der Lebensführung durch finanzielle Einschränkungen,

Weitere Folgen

Schluss

Eigene Gedanken: Was kann man tun?

Einen eigenen Text vorbereiten

9 a) Bei diesem Thema geht es auch um Gefühle und Stimmungen. Ordne die folgenden Wörter den beiden Spalten zu.

~~fröhlich~~ – bedrückt – zufrieden – passiv – pessimistisch – aktiv – optimistisch – tatkräftig – schwungvoll – gereizt – nervös – ausgeglichen – verzweifelt – glücklich – traurig – enttäuscht

positiv	negativ
fröhlich,	

Du übst, mit Begriffen umzugehen, die für das Thema wichtig sind.

Tipp: Die Aufgabe ist leichter, wenn du die Wörter, die du verwendet hast, durchstreichst.

b) Dein Text klingt besser, wenn du abwechslungsreich schreibst. Wandle die gegebenen Adjektive in Substantive (Nomen) um.

Adjektiv		**Substantiv (Nomen)**
fröhlich	▶	*Fröhlichkeit*
zufrieden	▶	
passiv	▶	
pessimistisch	▶	
aktiv	▶	
optimistisch	▶	
tatkräftig	▶	
mutlos	▶	
nervös	▶	
ausgeglichen	▶	
mitleidig	▶	
glücklich	▶	
traurig	▶	
arbeitslos	▶	

Tipp: Wenn du nicht sicher bist, kannst du auch im Wörterbuch nachschlagen.

Einen eigenen Text schreiben

Tipps:
- Wenn du eine sehr große Handschrift hast, schreibe auf einem Blatt Papier weiter.
- Verwende die Gedanken und Begriffe aus Aufgabe 8 und 9.

10 Schreibe jetzt einen Text zu dem Thema: *„Wie wirkt sich Arbeitslosigkeit auf den Menschen aus?“*

Einleitung
Warum ist das Thema aktuell?

Hauptteil
Im Text genannte Folgen der Arbeitslosigkeit

Weitere Folgen

Schluss
Eigene Gedanken: Was kann man tun?

Tipp:
Kontrolliere zum Schluss deine Rechtschreibung.

Der kleine Test

11 Beantworte die Fragen kurz, möglichst ohne auf den vorigen Seiten nachzuschauen.

a) Wie heißt die Verfasserin des Ausgangstextes?
Autorin:

b) Wie heißt die Überschrift des Ausgangstextes?
Titel:

c) Worum geht es im Ausgangstext?
Thema:

d) Was möchte die Autorin mit dem Text sagen?
Absicht der Autorin:

Hier kannst du prüfen, ob du den Text gut verstanden hast.

Höchster Luxus im Haushalt

Der Erste sagte: „Ich habe eine automatische Waschmaschine angeschafft. Sie war natürlich teuer, aber wenn die Frau Geld verdient, kann man sich das schon leisten. So ein Gerät gehört einfach in eine moderne Familie. Man muss mit der Zeit gehen!" „Auch meine Frau", sagte der Zweite, „ist berufstätig. Wir haben jetzt eine automatische Tellerwaschmaschine gekauft. Hinein mit dem Geschirr, und schon ist alles sauber und trocken. Damit fällt eine der lästigsten Hausarbeiten weg. Eine großartige Erleichterung." „Gewiss", nickte der Dritte. „Aber wenn man schon anfängt mit der Automation des Haushalts, muss man sie auch konsequent zu Ende führen. Daher haben wir die elektrische ‚Traumküche' erworben. Darin ist alles enthalten: Tellerwäscher, Waschautomat, Schnellgrill, Mixer, Kaffeemühle, Abfallschlucker. Wenn Erna aus der Praxis nach Hause kommt, drückt sie nur auf ein paar Knöpfe." „Allerhand. Der reinste Luxus."

„All diese Maschinen", sagte der Vierte, „mögen bescheidenen Ansprüchen genügen, gegen unsere Haushalts-Super sind sie der reinste Murks. Wir haben die vollautomatische Universalhauswirtschaftsmaschine. Sie ist unvergleichlich, unübertrefflich, wäscht, plättet, macht sauber, putzt Fenster, räumt auf und kocht. Und sie kann noch mehr: Betten machen, nähen, stopfen, flicken, stricken und sterilisieren."

„Kaum zu glauben. Es gehört wohl ein Spezialstudium dazu, so eine Maschine zu bedienen?"

„Gar kein Studium. Man schafft sie an und kümmert sich um nichts, sie schaltet sich selbsttätig ein und aus, je nach Bedarf. Sie stellt sogar ihren Arbeitsplan selber auf und erledigt die verschiedenen Arbeiten in der zweckmäßigsten Reihenfolge und Kombination. Sie hat ein Elektronenhirn. Das ermöglicht ihr auch, den Kindern bei den Schularbeiten zu helfen. Kommt mit, ich führe sie euch vor."

Die Herren gingen zum Hause des Vierten. Da stand die Maschine und wusch Spinat. Sie hatte eine Schürze um, hieß Ursula und war die Hausfrau. „Das", riefen die drei, „ist allerdings der höchste Luxus."

Die vollautomatische Universalhauswirtschaftsmaschine lächelte.

Dann sagte sie: ...

Hellmut Holthaus

Textstellen erkennen

1 Die unterstrichenen Wörter oder Wortgruppen findest du genauso oder fast genauso im Text.
Schreibe die betreffenden Sätze heraus und unterstreiche die Formulierungen.

a) Eine komplizierte Maschine zu bedienen verlangt wohl ein <u>spezielles Studium</u>?
Textstelle:
Es gehört wohl ein <u>Spezialstudium</u> dazu, so eine Maschine zu bedienen?

b) Die Maschine macht die Arbeit im Haushalt <u>in großartiger Weise leichter</u>.
Textstelle:

c) Wir haben eine <u>Maschine, die automatisch die Teller abwäscht</u>, angeschafft.
Textstelle:

d) <u>Studieren nicht nötig</u>. Man kauft die Maschine und denkt an nichts mehr.
Textstelle:

e) Sie hat ein <u>elektronisches Gehirn</u>.
Textstelle:

Du übst, Textstellen zu bestimmten Aussagen zu finden.

Tipp:
Merke dir die Wörter oder Wortgruppen und suche im Text danach.

Textstellen erkennen

Du übst, bestimmte Wörter oder Wortgruppen in einem Text zu finden, auch wenn sie darin etwas anders formuliert sind.

Tipp:
Denke über die Bedeutung der Wörter nach. Suche dann danach, wo im Text sinngemäß das Gleiche steht.

2 Für die unterstrichenen Wörter oder Wortgruppen findest du im Text andere Formulierungen.
Schreibe die betreffenden Sätze heraus und unterstreiche die Formulierungen.

a) Die Familie von heutzutage braucht eine automatische Waschmaschine.
Textstelle:
So ein Gerät gehört einfach in eine moderne Familie.

b) Eine der unangenehmsten Tätigkeiten im Haushalt wird erledigt.
Textstelle:

c) Die Maschine führt alle Arbeiten in der sinnvollsten Abfolge aus.
Textstelle:

d) Sie kann sogar bei den Hausaufgaben unterstützen.
Textstelle:

e) Die total selbstständige Haushaltsmaschine schmunzelte.
Textstelle:

Begriffe und Formulierungen erklären

3 Erkläre die Ausdrücke mit eigenen Worten.
Schreibe ganze Sätze.

a) Luxus = ______________________
b) Murks = ______________________
c) universal = ______________________
d) Automation = ______________________
e) Spezialstudium = ______________________
f) Arbeitsplan = ______________________
g) Kombination = ______________________
h) Traumküche = ______________________

Du übst,
Begriffe und Formulierungen zu erklären.

Tipp:
Erschließe die Begriffe und Formulierungen aus dem Textzusammenhang oder schlage im Wörterbuch nach.

4 Suche im Text nach einer Formulierung, die das Gleiche bedeutet.
Schreibe sie wörtlich heraus.

a) die aktuellen Entwicklungen mitmachen
= ______________________

b) mit Wenigem/Geringem zufrieden sein
= ______________________

c) die sinnvollste Abfolge
= ______________________

Begriffe und Formulierungen erklären

Tipp:
Erschließe die Bedeutung der Ausdrücke aus dem Textzusammenhang oder schlage im Wörterbuch nach.

5 Für die folgenden Ausdrücke findest du im Text andere Wörter. Trage diese Wörter waagrecht in das Rätsel ein. Die Buchstaben im grauen Kästchen ergeben ein Lösungswort, das ebenfalls im Text vorkommt!

keimfrei machen
selbsttätig
Stofflöcher schließen
Zusammenstellung
sinnvoll, zielgerichtet
gekauft
leidig

					o				n				
		t										e	
	w							i					
		t								h			
				ä									
					g							f	
			m						i				

Das Lösungswort heißt: ______________________.

Tipp:
Wenn deine Erklärung nicht genau passt, musst du sie etwas verändern. Wenn deine Erklärung gar nicht passt, schlage nochmals im Wörterbuch nach.

6 Setze deine Erklärungen aus Aufgabe 3 in die Lücken ein. Du merkst dadurch, ob deine Erklärungen passen.

a) Aber wenn man schon anfängt mit der *(Automation des Haushalts)* ______________________, muss man sie auch konsequent zu Ende führen.

b) Sie stellt sogar *(ihren Arbeitsplan)* ______________________ selber auf und erledigt die verschiedenen Arbeiten in der zweckmäßigsten Reihenfolge und *(Kombination)* ______________________.

c) Gegen unsere Haushalts-Super sind sie *(der reinste Murks)* ______________________.

Informationen aus dem Text entnehmen

7 Bearbeite die Aufträge mit Hilfe des Textes.

a) Die Frauen des ersten, zweiten und dritten Mannes haben etwas gemeinsam, das mit dem Erwerb der Haushaltsmaschinen zu tun hat.
Notiere diese Gemeinsamkeit.
Gemeinsamkeit:

b) Der erste, zweite und dritte Herr geben Begründungen dafür ab, warum sie die Haushaltsmaschinen angeschafft haben.
Schreibe die Begründungen auf.
Begründungen:

c) Der vierte Herr sagt von seiner Super-Haushaltsmaschine: „Man schafft sie an und kümmert sich um nichts."
Überlege, ob er Recht hat, und schreibe deine Meinung dazu auf.
Stellungnahme:

d) Am Ende des Textes heißt es: „Dann sagte sie: ..." Was könnte die Frau wohl gesagt haben?
Schreibe ihre Stellungnahme zum Verhalten der Männer auf.
Stellungnahme:

Du übst,
Fragen und Aufträge mit Hilfe des Textes zu bearbeiten und dabei gezielt Informationen aus dem Text zu entnehmen.

Tipps:
- Alle Informationen stehen im Text.
- Es klingt besser, wenn du ganze Sätze schreibst.

Tipp:
Hier ist deine eigene Meinung gefragt.

Einen eigenen Text vorbereiten

Das Thema heißt: *„Was spricht dafür, dass ein Elternteil zu Hause bleibt, und was dagegen?“*

Du übst,
über eine Sache nachzudenken und einen eigenen Text darüber vorzubereiten.

8 Durch eine klare Gestaltung wird dein Text gut lesbar.
Lies dir die Gliederungspunkte durch und schreibe für Einleitung, Hauptteil und Schluss Stichworte auf.

Tipp:
Überlege, welche Sachverhalte für das Thema wichtig sind, und notiere sie als Stichworte.

Einleitung
Warum ist das Thema aktuell? — immer mehr Frauen sind berufstätig,

Hauptteil
Was spricht dafür, dass beide Elternteile berufstätig sind? — mehr Möglichkeit zur Selbstverwirklichung,

Was spricht dafür, dass ein Elternteil nur im Haushalt tätig ist? — mehr Zeit für die Kinder,

Schluss
Eigene Gedanken: Welche Gründe hältst du für wichtiger?

Einen eigenen Text vorbereiten

9 a) Sachbegriffe helfen dir bei der Darstellung des Themas. Bilde aus den gegebenen Ausdrücken zusammengesetzte Substantive (Nomen).

Kinder betreuen ▶ *Kinderbetreuung*

Einkommen verbessern ▶ ______

doppelt belastet sein ▶ ______

sich selbst verwirklichen ▶ ______

beruflich tätig sein ▶ ______

Haushalt führen ▶ ______

Arbeit teilen ▶ ______

b) Im Schlussteil ist deine Stellungnahme zu dem Problem gefragt. Hier solltest du Ausdrücke verwenden, die deine Meinung erkennen lassen.
Ergänze die passenden Ausdrücke.

~~meine~~ – erscheint mir besser – scheint wichtig – Erachtens – meiner Meinung – Ansicht nach – glaube – Überzeugung nach – halte es für besser – vermute – bin überzeugt – Auffassung nach

ich *meine*

ich ______

ich ______

ich ______

ich ______

es ______

mir ______

meines ______

meiner ______

meiner ______

meiner ______

nach ______

Du übst, mit Begriffen umzugehen, die für das Thema wichtig sind.

Tipp: Die Aufgabe ist leichter, wenn du die Wörter, die du verwendet hast, durchstreichst.

Einen eigenen Text schreiben

Tipps:
- Wenn du eine sehr große Handschrift hast, schreibe auf einem Blatt Papier weiter.
- Verwende die Gedanken und Begriffe aus Aufgabe 8 und 9.

10 Schreibe jetzt einen Text zu dem Thema: *„Was spricht dafür, dass ein Elternteil zu Hause bleibt, und was dagegen?"*

Einleitung
Warum ist das Thema aktuell?

Hauptteil
Was spricht dafür, dass beide Elternteile berufstätig sind?

Was spricht dafür, dass ein Elternteil nur im Haushalt tätig ist?

Schluss
Eigene Gedanken: Welche Gründe hältst du für wichtiger?

Tipp:
Kontrolliere zum Schluss deine Rechtschreibung.

Der kleine Test

11 Beantworte die Fragen kurz, möglichst ohne auf den vorigen Seiten nachzuschauen.

a) Wie heißt der Verfasser des Ausgangstextes?
Autor:

b) Wie heißt der Titel des Textes?
Titel:

c) Worum geht es im Ausgangstext?
Thema:

d) Was möchte der Autor mit dem Text sagen?
Absicht des Autors:

Hier kannst du prüfen, ob du den Text gut verstanden hast.

Die rettende Idee

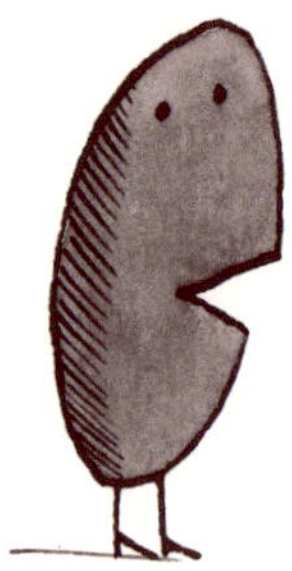

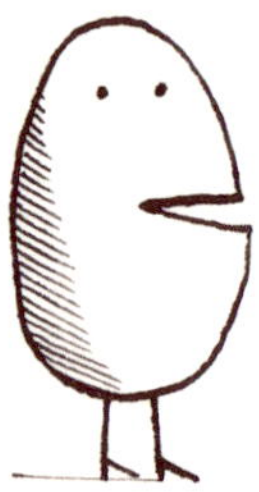

Vor langer Zeit wurden Leute, die Geld schuldig waren, ins Gefängnis geworfen. In dieser Zeit hatte ein Kaufmann das Unglück, mit einer hohen Summe in der Kreide zu stehen. Der Geldverleiher war ein schräger Typ und hatte es auf die junge schöne Tochter des Kaufmanns abgesehen. Also schlug er einen Handel vor: Er sagte, er würde dem Kaufmann die Schuld erlassen, wenn er stattdessen das Mädchen bekäme. Vater und Tochter waren entsetzt über diesen Antrag. Daraufhin riet der schlaue Geldverleiher, das Schicksal entscheiden zu lassen. Er erklärte den beiden, er würde einen schwarzen und einen weißen Kiesel in eine leere Geldbörse stecken, und dann müsse das Mädchen einen der Steine herausholen. Erwische sie den schwarzen Kiesel, würde sie seine Frau, und ihrem Vater sei die Schuld erlassen. Gerate ihr der weiße Kiesel in die Finger, bliebe sie bei ihrem Vater, und dieser brauche trotzdem nichts zurückzubezahlen. Weigere sie sich aber, einen Stein aus dem Beutel zu nehmen, so wandere ihr Vater ins Gefängnis und sie würde verhungern. Widerstrebend gab der Kaufmann seine Einwilligung. Sie standen, während sie dies besprachen, im Garten auf einem mit schwarzen und weißen Kieseln bestreuten Weg. Der Geldverleiher bückte sich, um zwei Steine aufzuheben. Das Mädchen, das die Angst scharfsichtig gemacht hatte, bemerkte jedoch, dass er zwei schwarze Kiesel nahm und in die Geldbörse steckte. Dann forderte sie der Geldverleiher auf, den Stein herauszuholen, der über ihr Los und das ihres Vaters bestimmen sollte.

Lies erst weiter, wenn du darüber nachgedacht hast,
was du an der Stelle des Mädchens getan hättest!

Das Mädchen steckte die Hand in die Geldbörse und zog einen Stein heraus. Sie stellte sich ungeschickt und ließ ihn zu Boden fallen, wo er sich sofort unter all den anderen verlor. „Oh, ich Tollpatsch", sagte sie. „Aber es macht ja nichts. Wenn Ihr in den Beutel seht, könnt Ihr an der Farbe des anderen Steins feststellen, welchen ich genommen habe." Der verbliebene Stein war schwarz. Also mussten die Beteiligten annehmen, dass der weiße Stein gezogen wurde. Denn natürlich wagte es der Geldverleiher nicht, seine Unredlichkeit einzugestehen.

erzählt nach Edward de Bono

Textstellen erkennen

Du übst, Textstellen zu bestimmten Aussagen zu finden.

1 Die unterstrichenen Wörter oder Wortgruppen findest du genauso oder fast genauso im Text.
Schreibe die betreffenden Sätze heraus und unterstreiche die Formulierungen.

a) Ihre Weigerung, einen Stein zu ziehen, bedeute, dass ihr Vater bestraft werde.
Textstelle:
Weigere sie sich aber, einen Stein aus dem Beutel zu nehmen, so wandere ihr Vater ins Gefängnis und sie würde verhungern.

b) Der Geldverleiher wollte die Kaufmannstochter haben.
Textstelle:

c) Der Geldverleiher bückte sich, um zwei Steine aufzulesen.
Textstelle:

d) Das Mädchen ließ den Stein so fallen, dass es wie ein Missgeschick aussah.
Textstelle:

e) Der zurückgebliebene Stein war schwarz.
Textstelle:

Tipp:
Merke dir die Wörter oder Wortgruppen und suche im Text danach.

Textstellen erkennen

Du übst, bestimmte Wörter oder Wortgruppen in einem Text zu finden, auch wenn sie darin etwas anders formuliert sind.

Tipp:
Denke über die Bedeutung der Wörter nach. Suche dann danach, wo im Text sinngemäß das Gleiche steht.

2 Für die unterstrichenen Wörter oder Wortgruppen findest du im Text andere Formulierungen.
Schreibe die betreffenden Sätze heraus und unterstreiche die Formulierungen.

a) Wer Geldschulden hatte, konnte einst ins Gefängnis geworfen werden.
Textstelle:
Vor langer Zeit wurden Leute, die Geld schuldig waren, ins Gefängnis geworfen.

b) Der Vorschlag schockierte das Mädchen und seinen Vater.
Textstelle:

c) Die Furcht veranlasste das Mädchen, besonders genau aufzupassen.
Textstelle:

d) Ein Blick in die Börse lässt erkennen, von welcher Farbe der Stein ist, den ich gezogen habe.
Textstelle:

e) Der Geldverleiher hatte nicht den Mut, seine Unehrlichkeit einzugestehen.
Textstelle:

Begriffe und Formulierungen erklären

Du übst, Begriffe und Formulierungen zu erklären.

3 Erkläre die Formulierungen mit eigenen Worten. Schreibe ganze Sätze.

a) in der Kreide stehen
= *Wer in der Kreide steht, hat Schulden.*

b) hatte es auf die Tochter abgesehen
= ______

c) die Schuld erlassen
= ______

d) seine Einwilligung geben
= ______

e) scharfsichtig sein
= ______

f) wo er sich unter all den anderen Steinen verlor
= ______

g) seine Unredlichkeit eingestehen
= ______

Tipp:
Erschließe die Begriffe und Formulierungen aus dem Textzusammenhang oder schlage im Wörterbuch nach.

4 Schreibe Wörter oder kurze Formulierungen auf, die das Gleiche bedeuten.

a) schräger Typ
= ______

b) Geldbörse
= ______

c) widerstrebend
= ______

d) Tollpatsch
= ______

e) annehmen
= ______

Begriffe und Formulierungen erklären

Tipp:
Erschließe die Bedeutung der Ausdrücke aus dem Textzusammenhang oder schlage im Wörterbuch nach.

5 Erkläre die unterstrichenen Formulierungen mit eigenen Worten. Schreibe ganze Sätze.

a) Der schlaue Geldverleiher schlug vor, das Schicksal entscheiden zu lassen.
Erklärung:

____

____

____

b) Der gezogene Stein sollte über ihr Los entscheiden.
Erklärung:

____

____

6 Setze deine Erklärungen aus Aufgabe 3 und 4 in die Lücken ein. Du merkst dadurch, ob deine Erklärungen passen.

Tipp:
Wenn deine Erklärung nicht genau passt, musst du sie etwas verändern. Wenn deine Erklärung gar nicht passt, schlage nochmals im Wörterbuch nach.

a) In dieser Zeit hatte ein Kaufmann das Unglück, mit einer hohen Summe *(in der Kreide zu stehen)* ______________________________.

b) Der Kaufmann gab *(widerstrebend)* ______________________________ seine Einwilligung.

c) Da der verbliebene Stein schwarz war, mussten die Beteiligten *(annehmen)* ______________________________, dass der weiße Stein gezogen wurde, denn natürlich wagte es der Geldverleiher nicht, seine *(Unredlichkeit)* ______________________________ einzugestehen.

Informationen aus dem Text entnehmen

7 Bearbeite die Aufträge mit Hilfe des Textes.

a) Wie nimmt der Vater den Vorschlag des Geldverleihers auf?
Beschreibe die Reaktion des Vaters in ganzen Sätzen.
Reaktion: ______________________________
____
____

b) Eigentlich hat das Mädchen nur drei Möglichkeiten.
Schreibe die drei Möglichkeiten auf.
Ergänze dann, welche Folgen diese Möglichkeiten jeweils für Vater und Tochter haben.

1. Möglichkeit: ______________________________
Folge: ______________________________

2. Möglichkeit: ______________________________
Folge: ______________________________

3. Möglichkeit: ______________________________
Folge: ______________________________

c) Setze jeweils das passende Fremdwort ein.

Konsequenzen – kreativen –
Alternativen – negativ – Situation

Das Mädchen befand sich in einer äußerst schlechten *(Lage)* ______________.
Sie hatte eigentlich nur drei *(Möglichkeiten)* ______________.
Was sie auch tat, die *(Folgen)* ______________ waren in jedem Falle *(nachteilig)* ______________.
Sie löste das Problem mit einem *(erfinderischen)* ______________ Einfall.

Du übst,
Fragen und Aufträge mit Hilfe des Textes zu bearbeiten und dabei gezielt Informationen aus dem Text zu entnehmen.

Tipps:
- Alle Informationen stehen im Text.
- Es klingt besser, wenn du ganze Sätze schreibst.

Einen eigenen Text vorbereiten

Die Aufgabe heißt: *„Fasse im Hauptteil den Inhalt des Textes zusammen. Schreibe zum Schluss, was der Autor mit der Geschichte zeigen will."*

Du übst,
über eine Sache nachzudenken und einen eigenen Text darüber vorzubereiten.

8 Durch eine klare Gestaltung wird dein Text gut lesbar.
Lies dir die Gliederungspunkte durch und schreibe für Einleitung, Hauptteil und Schluss Stichworte auf.

Tipp:
Überlege, welche Sachverhalte für das Thema wichtig sind, und notiere sie als Stichworte.

Einleitung
Grundangaben zum Text — Autor, Titel, Thema

Hauptteil
Zusammenfassung der Geschichte — Mann leiht Geld – kann nicht zurückzahlen – Gefängnis droht,

Schluss
Eigene Gedanken zur Absicht des Autors — Der Autor will mit der Geschichte zeigen,

Einen eigenen Text vorbereiten

Du übst, wichtige Regeln für eine Inhaltsangabe anzuwenden.

9 a) Inhaltsangaben werden in der Zeitform Präsens geschrieben. Verwandle die folgenden Präteritumformen in Präsensformen.

Präteritum (Vergangenheit)	Präsens (Gegenwart)
ich ging	*ich gehe*
sie dachte	
er fragte	
sie standen	
er forderte auf	
sie besprachen	

b) Kreuze an, ob es sich um Präteritum oder Präsens handelt.

	Präsens	Präteritum
bückte sich	☐	☒
sagt	☐	☐
holte heraus	☐	☐
macht	☐	☐
hob auf	☐	☐
entdeckt	☐	☐
zieht	☐	☐
schlug vor	☐	☐

c) Bei der Inhaltsangabe wird keine wörtliche (direkte) Rede verwendet. Verwandle die wörtliche Rede in nichtwörtliche (indirekte) Rede.

Der Vater erklärt: „Ich kann die Schuld nicht zurückzahlen."

▶ *Der Vater erklärt, dass er die Schuld nicht zurückzahlen könne.*

Der Geldverleiher sagt: „Ich will das Mädchen heiraten."

▶ ____________________

Der Geldverleiher kündigt an: „Ich hebe zwei Kieselsteine auf."

▶ ____________________

Er sagt zu dem Mädchen: „Du musst einen Stein ziehen."

▶ ____________________

Das Mädchen ruft: „Leider ist mir der Stein heruntergefallen."

▶ ____________________

Tipp:
Aus dem eingetragenen Beispiel kannst du entnehmen, wie sich bei der nichtwörtlichen Rede die Satzzeichen ändern.

Einen eigenen Text schreiben

Tipps:
- Wenn du eine sehr große Handschrift hast, schreibe auf einem Blatt Papier weiter.
- Verwende die Gedanken und Begriffe aus Aufgabe 8 und 9.

10 Schreibe jetzt die Inhaltsangabe zum Text *„Die rettende Idee“* und schreibe zum Schluss, was der Autor mit der Geschichte zeigen will.

Einleitung
Autor, Titel, Thema?

Hauptteil
Zusammenfassung der Geschichte

Schluss
Gedanken zur Absicht des Autors

Tipp:
Kontrolliere zum Schluss deine Rechtschreibung.

Der kleine Test

11 Beantworte die Fragen kurz, möglichst ohne auf den vorigen Seiten nachzuschauen.

a) Wie heißt der Verfasser des Ausgangstextes?
Autor:

b) Wie heißt der Titel des Textes?
Titel:

c) Worum geht es im Ausgangstext?
Thema:

d) Was möchte der Autor mit dem Text sagen?
Absicht des Autors:

Hier kannst du prüfen, ob du den Text gut verstanden hast.

Textquellen

S. 6: Mythos und Wirklichkeit – Graf Zeppelin. Aus: Postfrisch, Philatelie-Journal der Deutschen Post AG, Bonn 2000

S. 16: Bequemlichkeit mit Tücken. Aus: Mensch, Arbeit, Technik. Schrift der Arbeitsgemeinschaft zur Förderung der wirtschaftlichen und sozialen Bildung, Bonn 2000/01

S. 26: Arbeitslos leben. Aus: Lore Schultz-Wild, Arbeitslos leben, Ravensburger Taschenbuch, Ravensburg 1984

S. 36: Höchster Luxus im Haushalt. Aus: Hellmut Holthaus, Heiterer Alltag, Wuppertal 1966

S. 46: Die rettenden Idee. Aus: Edward de Bono, Das spielerische Denken, Scherz-Verlag, München 1967

Die Texte sind stellenweise etwas gekürzt und leicht verändert.

Redaktion: Dirk Held, Berlin
Illustration: Franz Zauleck, Berlin
Umschlagfoto: Thomas Schulz, Hohen Neuendorf
Layout, Umschlaggestaltung und technische Umsetzung: Christoph Schall

Cornelsen online http://www.cornelsen.de

1. Auflage Druck 4 3 2 1 Jahr 06 05 04 03

Druck: CS-Druck CornelsenStürtz, Berlin

ISBN 3-464-69113-6

Bestellnummer 691136

Gedruckt auf säurefreiem Papier,
umweltschonend hergestellt aus chlorfrei gebleichten Faserstoffen.